www.ingramcontent.com/pod-product-compliance
Lightning Source LLC
Chambersburg PA
CBHW081526220526
45467CB00010B/3060
* 9 7 8 1 7 1 8 0 2 9 0 6 4 *